ATLAS

zur
SOZIALEN PLASTIK
ort des treffens

Shelley Sacks + Wolfgang Zumdick

Bilder von Shelley Sacks

Das Gelände

Willkommen auf dem Gelände der Transformation.
Auf dem Gelände,
auf dem Einsichten und Fragen Triebkräfte sind –
Kräfte, die uns treiben,
Kräfte, die in der Welt bewegen und
unsere Fähigkeit steigern,
neu zu sehen.

Ein unsichtbarer, plastischer Prozess in uns
und
in der Welt,
nicht weniger real als Holz, Ton, Metall –
eine Sphäre, in der Fragen Kräfte sind,
die uns leiten,
neue Wege zu entdecken
und zu gehen.
Ein Gelände,
in dem
Werte, Einsichten und Verstehen
unsere Materialien sind.

Ein Ort, an dem wir uns selbst treffen
und offen vor der Frage stehen:

Was tue ich auf der Erde –
Was bedeutet es für mich, auf der Welt zu sein?

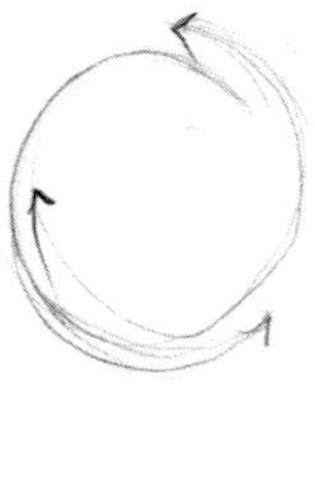

Ich selbst – Du

Was heißt es denn, sich selbst zu treffen?
Gibt es in uns dies Andere, das wir sind und doch nicht sind?
Wer sind wir, sind wir kleiner oder größer?
Was heißt es, hier, an diesem Ort, zu sein?

Was sehen wir, wenn wir in einen Spiegel blicken?
Nur Augen?
Hände?
Arme?
Mund?
Ist dies der Ort, an dem wir unser Dasein treffen?

Und drunter, unter dieser Schale?

Ist's nicht mein Herz, das schlägt,
mein Mund, der lacht,
sind's nicht die Augen, die in deine blicken?

Und was geschieht,
wenn wir einander treffen,
uns kurz berühren?

Sind wir es nicht, die sich im lieben Andern
erst selbst begegnen?
Ist's nicht das Selbst, das dort im Andern
erst wirklich auf sich selber trifft?

Was tue ich auf der Erde?
Was bedeutet es für mich, auf der Welt zu sein?

Einfach und vielschichtig wie diese beiden Fragen ist auch das Projekt »Ort des Treffens«, zum ersten Mal realisiert in Hannover 2009, das von diesem ATLAS begleitet wird.

Die Bürgerinnen und Bürger einer Stadt werden zu einer Selbstreflexion über das, was sie denken und für was sie leben, eingeladen (Selbsttreffensprozess), um sich später noch einmal gemeinsam, ohne Urteil und auf eine neue Weise zuhörend über dieselben Fragen auszutauschen (Einandertreffensprozess).

Prozesse wie diese, die das Verhältnis zwischen innerer und äußerer Arbeit erforschen, sind Teil einer Forschung im Feld der Sozialen Plastik und als kreativer Anstoß zur Bildung eines freien, demokratischen Miteinanderlebens und eines tieferen Gemeinschaftsverständnisses gedacht.

Fragen, Formen, Reflexionsprozesse und ATLAS schaffen eine Art Bausatz, mit dem die unsichtbaren Gedanken, Gefühle, Ideen und Fragen der Menschen, die an einem Ort leben, sichtbar und erlebbar gemacht werden können. Dabei kommt etwas zu Bewusstsein, was in dieser Weise oft gar nicht wahrgenommen oder gewertschätzt wird: die geistige und seelische Atmosphäre, die atmosphärische Substanz einer Stadt und die Quelle unserer Freiheit.

Doch was ist eine »echte Reflexion« und wie unterscheidet sie sich von der Flut innerer Bilder, die uns leiten und doch so versteckt und unbekannt sind? Werden uns in der Reflexion Einsichten zuteil, die über das einfache Wiedererinnern und Wiedererzählen von Ereignissen hinausgehen? Gibt sie uns die Gelegenheit, zu sehen, was wir sehen, zu hören, was wir hören? Und erlaubt uns diese Tatsache, dass wir unser Denken beobachten und mithin auch verändern können, bewusstere Entscheidungen zu treffen? Entscheidungen, die zu einem tieferen inneren und äußeren Frieden führen?

Elastizität, Agilität, Beweglichkeit
Unsere Kultur ist behäbig. Wir stecken fest in unserem Glauben, unseren Meinungen und Gefühlen, in Ängsten, Hoffnungen oder Sorgen und sehen nicht, dass wir unsere Einstellungen jederzeit ändern können. Ort des Treffens ist ein »Bausatz«, der versucht, uns mobiler, aktiver, wach und offen für die gesellschaftlichen Gestaltungsfragen zu machen und einen Raum zu schaffen, in dem unser Denken, Fühlen und Handeln elastischer, lebendiger und flüssiger werden kann.

Unsere äußeren Aktivitäten können nur dann wirklich sinnvoll sein, wenn sie auf dieser Beweglichkeit gründen. Das bedeutet auch, sich die Frage zu stellen: Was ist meine innere Haltung, mit welchen Augen blicke ich auf die Welt? Ein Denken, das weiß, dass wir noch ganz andere Möglichkeiten haben, ist auch in der Lage, neue Kräfte zu entwickeln. Die inneren Gestaltungskräfte sind die einzigen Ressourcen, die unerschöpflich sind. Hier ist unbegrenztes Wachstum denkbar und wünschenswert.

»Ort des Treffens« erforscht diese Beziehungen zwischen innerer und äußerer Arbeit und der Notwendigkeit neuer Wahrnehmungsorgane, die im Zentrum des Erweiterten Kunstbegriffes von Joseph Beuys liegen.

Der ATLAS

Auch der ATLAS ist »erweitert«. Als Wegbegleiter unterscheidet er sich von üblichen Landkarten. Er führt uns in unterschiedliche innere Gegenden: in die Gelände der Fragen, der Innigkeit, des Hörens, des Denkens, des Dankens.

Da diese Orte allesamt aber keinen tatsächlichen, realen, »physischen« Orten entsprechen, haben wir sie – analog den Gestirnen an einem Himmelsglobus – Konstellationen genannt. Denn wie wir in den Gestirnen am Himmel in unserer Imagination Gestalten finden, so ist es uns ebenso möglich, die Zentren unseres inneren, seelischen Kontinents so miteinander zu verbinden, dass daraus Verbindungslinien, Verknüpfungen und Oppositionen, kurz, so dass daraus innere Konstellationen entstehen.

Die Bilder sind Versuche, sich diesen Geländen und Konstellationen mit einem bildhaften Denken zu nähern. Unser Ziel ist es, ein Gelände zu erforschen, das bekannt ist und gleichzeitig auch ganz fremd. Wir wollen die fremde innere Landkarte näher bestimmen und so unseren inneren, »poetischen« Kontinent besser kennenlernen.

Der poetische Kontinent

Mit dem Betreten dieses Kontinents wird auch im Buch eine Art Zielort markiert. Er ist der Ankunftsort auf einem Weg, den wir im Leben permanent beschreiten und dessen Orte uns dabei immer vertrauter werden. Jedes Gelände, das wir betreten, ist immer auch unser eigenes Territorium, auch wenn es manchmal von anderen Stimmen okkupiert zu sein scheint. Entdecken können wir unsere inneren Landschaften immer nur für uns selbst und auch uns selbst nur die eigene Route geben. Jedes Gelände des Buches bietet daher auch Raum für eigene Erfahrungen, Erlebnisse und Fragen. Es wäre schön, wenn auch diese offenen Räume mit der Zeit Gestalt annähmen und auf diese Weise nicht nur ein, sondern viele, immer neue Bücher, immer neue Atlanten entstehen.

Shelley Sacks, Wolfgang Zumdick, Oxford im Sommer 2009

Wir sind auf einer Mission.
Zur Bildung der Erde sind wir berufen.
Novalis

Konstellationen

Alle Konstellationen

Gelände der Frage

Eine Frage ist ein Boot,
das mich in ein neues Gelände trägt
und mich davor behütet, zurück in das Bekannte zu versinken.

Eine Frage ist der fruchtbare Schatten, der uns jenseits der selbstverständlichen Orte führt, hinter das, was festzustehen scheint, hinter die übernommenen Antworten von Systemen, die, wenn wir es nicht wirklich bemerken, gewaltsam unser Leben prägen.

Wenn wir Kinder sind, weben sich die großen Fragen durch unsere Tage, aber schon bald bringt man uns dazu zu glauben, dass sie durch das, was wir lernen, beantwortet sind.

So gesehen ist die Frage ein Geschenk und eine Gefahr. Sie kommt nicht zur Ruhe zwischen all den Informationen und Anschauungen, durch die wir geprägt werden. Sie setzt eine Bewegung inmitten der festen Formen frei.

Und deswegen müssen wir neue Räume schaffen, sowohl im privaten wie im öffentlichen Leben, um unsere Fragen (wieder) zu entdecken, um sie als Freunde und Wegbegleiter zu nehmen, so dass wir mit ihnen arbeiten, um beides, persönliche und soziale Formen neu zu sehen und neu zu gestalten.

Gelände der Frage – Konstellation

Gelände der Frage

Keine physische Kraft hält uns davon ab, unsere ganze Energie und Kreativität für den Schutz des Lebens auf dieser Erde einzusetzen. Aber was ist es dann, was uns davon abhält, als Individuen und als Gesellschaft etwas zu tun?

Joanna Macy

In the dark light of our success we turn on the fluorescents
They give an even brightness and cast no shadows

With what sense organs can we perceive this complex horror?
With what sense organs can I perceive the world's suffering?
With what sense organs can I perceive the future's answers?

Yes/No? Yes/No?
Which way to go?

Welcome to the place of questions and a Landing Strip for Souls

Shelley Sacks

Mein Gelände

Gelände der Furcht

Die Furcht lähmt und macht passiv, und ein furchtgeleitetes Handeln ist unfrei, weil es dem Angst-Machenden nicht gleichberechtigt entgegentreten kann. Wir fühlen uns ausgeliefert.

Andererseits kann die Furcht aber auch unsere Kräfte mobilisieren.

Wenn wir uns nicht einschüchtern lassen, sondern dem Problem begegnen, können wir die Erfahrung machen, dass wir stärker als die Furcht und das Furcht-Machende, innerlich stärker als die Bedrohung von außen sind.

Paul Celan beschreibt einen weiteren Aspekt der Furcht. Er sagt, man müsse »mit der Kunst in die allerengste Enge gehen« und meint mit Enge die innere Enge; die Befürchtungen, Ängste, Verzweiflungen, die Angst vor dem eigenen Schmerz und dem Schmerz der anderen. Seine Erfahrung als Lyriker hat ihm gezeigt, dass die Kunst in der Lage ist, die inneren Bedrohungen, die wir in uns verstecken, zutage zu fördern und aktiv bildhaft mit ihnen umzugehen. Die Bedrohung als Bild zu erleben, das wir selbst hervorgebracht haben, ist für die Seele von großer Bedeutung.

Viel ist erreicht, wenn wir in der Lage sind, unsere eigene Furcht zu sehen. Ein aktiver Umgang mit ihr kann unsere Kräfte der Transformation und der Heilung stimulieren.

Der Mut, dem Angst Machenden zu begegnen, und die Situation, vor der wir uns fürchten, ins Auge zu fassen, kann das Bild, das Angst macht und das oft ein verzerrtes, reduziertes Bild der Wirklichkeit ist, gerade rücken und uns verändern. Wir haben gegenüber dem Gefürchteten Freiheit gewonnen und die Möglichkeit, es zu verstehen.

Gelände der Furcht – Konstellation

Gelände der Furcht

Alle Krisen sind auch Möglichkeiten.

Nach dem I-Ging

Apatheia ist ein griechisches Wort, das »frei von Leiden« meint. Wenn man Apathie auf seine Wurzeln zurückführt, heißt es die Unfähigkeit Schmerz zu empfinden oder das Zurückweisen von Schmerz.

Das Problem ... liegt nicht in unserem Schmerz für die Welt, sondern darin, dass wir ihn verdrängen. Der Aufwand zu tricksen und abzustumpfen händigt uns der Vergeblichkeit aus oder, systemisch gesprochen, er zerschneidet den Resonanz-Kreislauf und blockiert erfolgreiche Antworten.

Joanna Macy

Nicht länger meine Ufer fürchten
Denn du trittst in die Tür
Entblößt deine Wunden
Schenkst deine Ströme mir
So dass ich in deinen Worten schwimmen kann

Shelley Sacks

Wir müssen auf die Gefahren von innen achten und die von außen nicht fürchten. Die ersten korrodieren die Seele, die zweiten polieren sie. Keine äußere Macht kann ein menschliches Wesen wirklich erniedrigen. Erniedrigen kann man nur sich selbst.

Gandhi

Mein Gelände

Gelände der Herausforderung

»Die Ursache liegt in der Zukunft«, hat Beuys einmal die Logik, mit der wir die Welt betrachten, umgekehrt.

Nicht die Vergangenheit bestimmt die Zukunft, sondern das, was wir von ihr erwarten.

Zukunft ist, was wir hier und jetzt aus ihr machen. Wir bereiten das Zukünftige in unseren aktuellen Handlungen vor.

Daher ist es wichtig, die Frage »Wie wollen wir leben?« mit aller Deutlichkeit und Konsequenz zu stellen.

Nicht alles lässt sich planen.

Wir sind auf einer Fahrt, auf der es viele Ungewissheiten gibt. Aber wir können die Verhältnisse besser einrichten: jedem Menschen seine Würde, sein Auskommen, seinen Ort geben, an dem er sich in der Welt und im Andern finden kann.

Dies ist die größte Herausforderung, die an uns gestellt wird: das Zukünftige, das auf uns hofft und wartet.

Gelände der Herausforderung – Konstellation

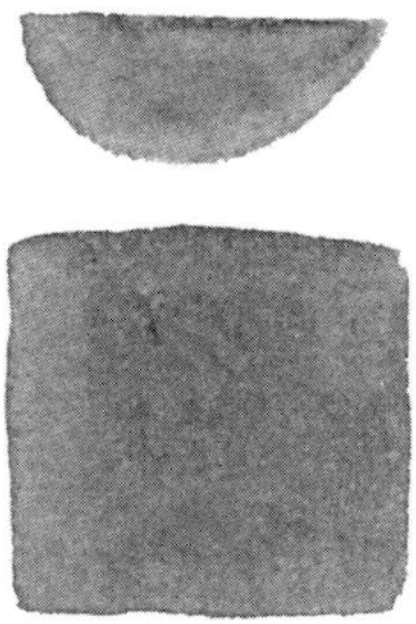

Gelände der Herausforderung

Was wird aus uns und den anderen Wesen, was aus dem Vermächtnis unserer Vorfahren und der noch ungeborenen Generationen, was aus dem lebendigen Körper der Erde? Die Quelle für diese Fragen liegt weniger im Persönlichen als in der Tragweite, die es für das kollektive Leiden hat. ... etwas, das ganz ähnlich der ursprünglichen Bedeutung des Wortes Mitleid ist: mit-leiden. Es ist die Qual, die wir in Bezug auf das größere Ganze fühlen, dessen Teil wir sind. Es ist der Schmerz der Welt, der in jedem von uns erfahren wird.

Joanna Macy

Heute kannst du ja alles machen. Da und da, das kannst du machen, alles kannst du dir kaufen, alles kannst du fressen, dahin kannst du reisen, diese Sache kannst du bedienen, damit kannst du fliegen usw., usw. ... Ja, darin liegt doch geradezu das Gegenbild des Menschen.

Joseph Beuys

Dem Menschen ist gegeben, aus Freiheit mit seinem Dasein gleichsam wie mit einem Material umzugehen.

Karl Jaspers

Ein tiefes Verständnis unserer individuellen und gemeinsamen Verantwortung für die Menschheit als Ganze und für die Umwelt wird entscheidend für unser Überleben in der global verflochtenen Welt des 21. Jahrhunderts sein und kann allein zum Blühen der Menschheit führen. Kinder und Jugendliche leiden am meisten unter den Auswirkungen der Armut, des Krieges und anderen Problemen, die schließlich direkt von der Politik verursacht werden. Sie sind der Schlüssel für dauerhafte Lösungen. Welche Qualitäten brauchen die Bürger der Zukunft, um auf diese Herausforderungen mit Mitleid, Weisheit, Kreativität und Fähigkeit zu antworten?

Dalai Lama 2009

Mein Gelände

Gelände der Zuversicht

Woher kommt die Zuversicht?

Sie kommt aus der Erfahrung.

Wäre die Zuversicht ohne Erfahrung, so wäre sie Hoffnung.

Der Hoffnung fehlt dieser Erfahrungskern, der die Zuversicht zu einer Kraftzentrale macht.

Die Zuversicht bezieht ihre Kräfte aus der Erfahrung, dass wir in der Lage sind, Probleme zu lösen und mit ausweglos erscheinenden Situationen fertig werden können.

Wir können dann zuversichtlich sein, wenn wir die Erfahrung machen, dass das Negative nicht nur beherrschbar, sondern vor allem auch transformierbar ist. Gibt es Probleme, so können wir zuversichtlich sein, dass wir sie lösen können.

Ohne Zuversicht geht man die Probleme nicht an, bleibt vor ihnen stehen und akzeptiert das Falsche.

So gesehen können vor allem die zuversichtlich sein, die erlebt haben, dass man die Dinge aus eigener Kraft oder gemeinsam ändern kann.

Gelände der Zuversicht – Konstellation

Gelände der Zuversicht

S: Wovon sich Leibniz überzeugt hatte, das war die durchgehende Harmonie des Weltalls. Er spricht von einer Universalharmonie. Tatsächlich, wenn wir die Kompatibilitäten in der Welt uns vor Augen führen: die von Denken und Sein, die von Luft, Wasser, Feuer und Erde, die von Tieren und Pflanzen, die der Elemente Eisen, Wasserstoff, Chlor und Natrium, die der kreisenden Himmelsgestirne über Millionen von Jahren, die Bedingungen der Möglichkeit für die Evolution, weiter dass es Mathematik gibt und Zeit und Raum, die sich berechnen lassen, die Sonne, die die Wärme spendet und das Licht, dann ist das Ganze ein solches Gefüge von unendlich vielen Faktoren, die ineinandergreifen und zueinander passen, dass man, wenn man sich wirklich in der Vorstellung zu diesem Bild erhebt, darin eine einzigartige wundervolle Harmonie erblicken muss.

Z: Warum sind wir dann aber so eigensinnig und wollen nicht auf die großen Schöpfungsgesetze hören?
Vielleicht ist ja dieser Drang zur Freiheit, der auch vor dem Scheitern, vor Verzweiflung und Tod nicht zurückschreckt, der es wissen will, eigensinnig bis zur Selbstaufgabe, alles leugnend, alles in Frage stellend, vielleicht ist ja gerade dies eine der größten Gaben, die der Mensch besitzt?
Und vielleicht kommen wir ja gerade von dieser Seite, aus dieser tiefen Erfahrung des Scheiterns überhaupt erst grundlegend an die Idee der Schönheit heran. Wenn wir sie nicht mehr geschenkt bekommen, sondern auf einmal erkennen, dass unsere Freiheit in der Möglichkeit besteht, dass wir sie selber schaffen können. Dass wir in der Lage sind, unsere Verhältnisse so einzurichten, wie eine Fuge von Bach.
Hier käme dann etwas zum Tragen, was in der Sozialen Skulptur »Ort des Treffens« auch eine wichtige Rolle spielt. Wie komme ich als einzelner Mensch aus meinem Schneckenhaus und lerne mich selbst, die Welt und meine Mitmenschen besser verstehen? Und wie können wir miteinander zu einer Praxis kommen, die vielleicht noch nicht die bestmögliche ist, die ihr aber mit Sicherheit näher kommen kann?

Aus einem Gespräch über Leibniz zwischen Gerhard Stamer und Wolfgang Zumdick

Mein Gelände

Gelände des Wunders

Das größte Wunder ist, dass nicht nichts ist, sondern etwas ist.

Das Dasein, das wir erst wirklich ermessen können, wenn wir die Welt vom Nicht-Seienden her betrachten: Nichts ist unwichtig, nichts mehr, nichts weniger wert.

Wird es möglich, die Komplexität der Welt aus dieser ursprünglichen Erfahrung heraus zu erleben, so wird sie neue, noch unbetrachtete, verborgene Seiten zeigen.

Naivität, Staunen und Frage stehen also nicht nur am Beginn unseres Erkennens, sondern sie sind auch das Ziel.

Gelände des Wunders – Konstellation

Gelände des Wunders

Einzig der Mensch unter allem Seienden erfährt, angerufen von der Stimme des Seins, das Wunder aller Wunder: dass Seiendes ist.

Martin Heidegger

Nicht wie die Welt ist, ist das Mystische, sondern dass sie ist.

Ludwig Wittgenstein

Die Mysterien finden auf dem Hauptbahnhof statt.

Joseph Beuys

Stell dir eine grenzenlose Ausdehnung des Wassers vor: oben und unten, vorne und hinten, rechts und links, überall ist Wasser. In diesem ganzen Wasser befindet sich ein Glas mit Wasser. Im Glas und außerhalb ist Wasser, aber das Glas ist noch da. Das Ich ist das Glas.

Ramakrishna

Aber nun   gibt es Stille   und die Wörter
erzeugen sie,   helfen mit   diese Stille zu erzeugen

Ich habe nichts zu sagen   und ich sage es
Und das ist Poesie   wie ich sie brauche

Dieses Stück Zeit   ist gegliedert
Wir brauchen nicht   diese Stille zu fürchten. –

John Cage

Mein Gelände

Gelände der Innigkeit

Intimität, Innerlichkeit und Innigkeit haben vieles gemeinsam, was schon die gemeinsame Silbe »In« am Anfang der Worte zeigt.

Doch anders als im Zustand der Innerlichkeit, in dem wir uns leicht der Außenwelt, den anderen gegenüber verschließen, besitzt die Innigkeit eine Räumlichkeit.

Sie ist ein Zustand des inneren Raumes.

In diesem Raum kann ich mich frei bewegen und einen stillen Ort finden, von wo ich beobachten kann. Es ist der Raum, von dem aus ich sehe, empfange, in mich hineinnehme, was außerhalb von mir zu sein scheint.

Aber es ist auch der Raum, in dem ich mich selbst sehen sehen kann, selbst hören hören, inne werden kann, was ich fühle.

Obwohl die Intimität durch meine Nähe zu dir
diesen Innenraum öffnet,
brauche ich doch die Innigkeit,
um zu mir selbst zurückzukehren,
um dich von meinem Zustand der Innigkeit aus zu fühlen,
um dir wirklich nahe zu sein,
um dich wirklich schätzen zu können,
dich zu respektieren und zu sehen, was du brauchst.

Es ist das Geschenk der Innigkeit, das die Liebe möglich macht, Freiheit möglich macht und die bewusste Gestaltung unserer Welt.

Gelände der Innigkeit – Konstellation

Gelände der Innigkeit

Der ästhetische Prozess bildet sich durch einen gezielten, intensivierenden Umgang mit normalen, passiv verlaufenden Lebensvorgängen in vier Schritten.

Ereignisse treffen uns, kommen auf uns zu und wir versuchen sie zu verstehen;
wir fühlen sie, bewerten sie, bewegen sie in uns und dadurch werden sie zu Erlebnissen;
wir leben mit ihnen und sie reifen, ohne unser Wissen, langsam zu Erfahrungen;
aus der Fülle dieser Erfahrungen formen wir, ohne es zu wissen, im Laufe des Lebens unsere Lebenswelt und unser Engagement.

Der gewöhnliche Vorgang verläuft nur bei dem Verstehen-Wollen dessen, was uns trifft, relativ bewusst. Einmal verstanden aber, verlassen wir gewöhnlich den Vorgang oder das Ereignis; das Werden von Erlebnissen, Erfahrungen und Lebenshaltungen verläuft unbewusst.

Hier würde der ästhetische, übende oder meditative Prozess einsetzen: Er kommt in immer erneuten Wiederholungen auf den Erkenntnis-Prozess zurück und durchläuft ihn immer wieder erneut. Das verstandene Ereignis wird zur Imagination.

Schliesslich entsteht aus diesem inspirierten, tätigen Bilderbewusstsein, das an konkrete Ereignisse meines Lebens anschliesst und sich nicht etwa abstrakt auf irgendetwas bezieht, ein Sehen der Welt jenseits der Allgemeinplätze, ein intuitives, ein ästhetisches Sehen.

Diesem Sehen ist Innigkeit eigen, eine Inngkeit, die zwar in mir, in meinem Innen ihren Ausgangspunkt, ihr Zuhause hat, die sich aber ganz mit der Welt, mit ihren Herausforderungen und heutigen Fragen verbunden weiß. Dieses Sehen ist tatkräftig und versöhnlich. Es ist ein transformatives Bewusstsein, weil es selbst aus Transformation hervorgegangen ist. Es macht sichtbar, was in der Sichtbarkeit unsichtbar tätig veranlagt war. Kunst also. Ein ästhetisches Bewusstsein, das zugleich einen spirituellen Akt bedeutet.

Bodo von Plato

Mein Gelände

Gelände des Selbsttreffens

Wen treffe ich, wenn ich mir selbst begegne?

Ist »Ich ein anderer«, wie der französische Dichter Arthur Rimbaud schreibt?

Oder bin ich mir doch eher ein Fremder?

Einer, dem ich begegnen muss, dem ich näher kommen muss, der sich mir erst langsam zu öffnen beginnt?

Jede Selbstbegegnung ist auch die Begegnung mit einem bekannten Fremden in mir. Eine Erinnerung ebenso wie eine Entdeckung in einem ganz wörtlichen Sinn.

Etwas sehr aktives: ich er-innere, erschließe mir aktiv einen mir selbst verborgenen Teil meiner Seele. Ich ent-decke, entferne Schicht für Schicht die Vorurteile, Illusionen und Meinungen die den klaren Blick auf mich verdecken.

Im Selbsttreffen treffe ich aber auch den andern.

Die Erfahrung zeigt, dass gerade in der tieferen Selbstbegegnung die Grenze zu den anderen durchlässiger wird und wir ihnen und sie uns näher kommen.

Die Selbstbegegnung zeigt, dass auch das Andere in uns lebt und es keine echte Grenze zu ihm gibt, zeigt, dass wir innerlich mit allen anderen Wesen verbunden sind.

Gelände des Selbsttreffens – Konstellation

Gelände des Selbsttreffens

Ich bin nicht ich
Ich bin jener,
der an meiner Seite geht, ohne dass ich ihn erblicke,
den ich oft besuche und den ich oft vergesse.
Jener, der ruhig schweigt, wenn ich spreche,
der sanftmütig verzeiht, wenn ich hasse,
der umherschweift, wo ich nicht bin,
der aufrecht bleiben wird, wenn ich sterbe.

Juan Ramon Jimenez

Ich ist ein anderer – was kann das Blech dafür, wenn es als Trompete erwacht?

Arthur Rimbaud

Die meisten Menschen fangen damit an, Lösungen für ihre eigenen Probleme zu suchen. Schließlich entdecken sie, dass persönliche Lösungen die Lösungen für die Probleme der Gesellschaft mit beinhalten müssen – und vice versa. Der Grund dafür ist, dass man realsiert, dass jede Person aus all den Elementen besteht, die nicht zu ihr gehören. Alle anderen Personen in der menschlichen Gemeinschaft sind in jedem von uns. Alle diejenigen, die Opfer der Ungerechtigkeit sind, und auch die Täter der Ungerechtigkeit sind in jedem von uns. So teilt jeder von uns die Verantwortung für die sozialen Bedingungen, die jedes soziale Böse schaffen. Jeder von uns, der sich seiner ganz bewusst ist, wird sich ebenso mit dem Kriminellen wie mit dem Opfer identifizieren.

Nach Thich Nhat Hanh

Mein Gelände

Gelände des Begreifens

Das Gelände der Philosophie.

Können wir die Welt jemals ganz begreifen?

Oder entzieht sie sich allen Versuchen, sie zu verstehen, wie viele Philosophen glauben?

Oder haben wir noch nicht die richtigen Organe ausgebildet, um sie verstehen zu können?

Selbst Kant, der große Skeptiker in dieser Frage, sah, dass es andere Möglichkeiten des Erlebens als unsere rationalen Erkenntnisquellen gibt.

Wenn ich einen Baum sehe, ist er mehr als sein Stamm, seine Wurzeln, seine Blätter, seine Äste. Er ist auch mehr als der Samen, der den Baum wie seinen Traum in sich trägt.

Der Baum ist ein Bild und ein Versprechen, das auf uns wartet.

Jeder Begriff, ob es der vom Baum oder der von der leidenden Natur ist, der von einem Stuhl oder der von dem Wesen der Weltwirtschaft, ist eine Aufgabe und eine Herausforderung an uns. All diese Dinge sind uns einerseits ganz nah, andererseits aber auch wieder fremd. Und so stehen sie als eine Herausforderung an uns im Raum, sie durch unsere innere Aktivität für uns (wieder) zu entdecken.

Alles, was uns begegnet, ist ein Aufruf an das Begreifen.

Gelände der Begreifens – Konstellation

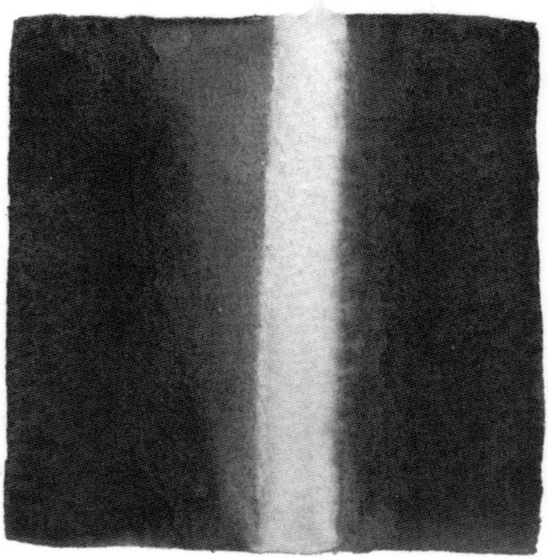

Gelände des Begreifens

Ganz begreifen werden wir uns nie, aber wir werden und können uns weit mehr als begreifen.

Novalis

Das Wichtigste liegt doch in dem verborgen, was man nicht versteht. Und ich könnt' doch auch jeder Zeit einfach sagen: Eigentlich sollte ich gleich hier aufhören. Denn von dem Ungeheuren, was wir Menschen eigentlich verstehen müssten, verstehe ich gar nichts und ihr auch nichts! Dennoch: Ein bisschen verstehe ich, und eines Tages können wir doch alles verstehen. Deswegen fangen wir jetzt damit an. Aber du kannst auf jeden Fall immer damit anfangen zu sagen, dass von dem Ungeheuren, was Menschen in der Zukunft verstehen werden, wir erst ein bisschen verstehen.

Joseph Beuys

Richtig betrachtet erweckt jeder Prozess in der Natur in uns ein neues Wahrnehmungsorgan.

Johann Wolfgang von Goethe

Wenn nur Begriffe einen Wert hätten, dann brauchte man überhaupt keine Farben, keine Bilder, keine Zeichnungen, keine Imagination, Skulpturen, Klänge, Musik, Tanz, Theater, nichts! Alles könnte sich rein wissenschaftlich durch Begriffe verbalisieren. Begriffe sind Strukturen, die auch wichtig sind. Aber wenn sie einseitig auftreten, sind sie natürlich der absolute Tod jedes kulturellen Lebens, oder es gibt ein fehlendes Feedback für die Begriffe.
Die Begriffe werden nach einem halben Jahr absolute Leichen sein, wenn sie nicht ernährt werden durch die Imagination, d.h. durch gotische Tore, die Kathedralen, die Symphonien von Bach, Mozart, Beethoven, durch die Bilder von Rembrandt usw. Auch die rationalen Begriffe der Physik bekommen im Grunde erst ihr eigentliches Leben durch die Imagination, weil die Imagination viel tiefer in die evolutionäre Wurzel hineinfasst und sozusagen das Leben für die Sprache erst anliefert.

Joseph Beuys

Mein Gelände

Gelände der Demokratie

Die echte Demokratie ist noch nicht da.

Zu ihr gehören gleiche Rechte, Teilhabe, Chancengleichheit ebenso als eine Grundvoraussetzung wie die Möglichkeit aller, mehr direkten Einfluss auf die Gestaltung des Staates zu nehmen.

Wenn wir erleben, wie befreiend es sein kann, gemeinsam nach besseren Lösungen zu suchen, sind wir der gelebten Demokratie schon ein Stück näher gekommen.

Wir verstehen, dass es kreativ ist, einen demokratischen Prozess zu gestalten, ein erweitertes Kunstwerk, Teil der Sozialen Skulptur, deren Architekten wir alle sind.

Demokratisches Handeln ist schöpferisch, weil es von uns fordert, die Fähigkeit zu entwickeln, unsere Bedürfnisse, Träume und Ängste bildhaft zu verstehen, aber nicht nur für uns allein, sondern auch in Bezug auf andere, im Kontext zum Ganzen.

Es benötigt aufeinander hören, statt etwas vom anderen verlangen, die Fähigkeit zum Dialog zu entwickeln, statt zu überzeugen.

Und es erfordert eine innere Vereinbarung, immer dann, wenn ein anderer anwesend ist, die »permanente Konferenz« zu entwickeln – zu Hause, am Arbeitsplatz, hier und jetzt ebenso wie im ganzen Weltzusammenhang.

Gelände der Demokratie

Wir benötigen gleiche Rechte, weil wir unterschiedlich sind.

Joseph Beuys

Wir müssen die Verbindungen zwischen Umwelt, Demokratie und Frieden verstehen und ihnen weltweit Aufmerksamkeit verschaffen. Wir müssen die Anstrengungen der Gemeinschaft, die Erde wieder herzustellen, in einer Zeit animieren, in der wir die ökologische Krise mit Entwaldung, Wüstenbildung, Wasserknappheit und dem Mangel an Biodiversität ins Gesicht schauen müssen. Solange wir nicht sorgsam mit unseren Ressourcen wie Wäldern, Wasser, Land, Mineralien und Öl umgehen, werden wir auch den Kampf gegen die Armut nicht gewinnen. Und dann wird es keinen Frieden geben. Alte Konflikte werden weiter schwelen und neue Kriege um Ressourcen werden entstehen, wenn wir nicht einen anderen Weg einschlagen als den, den wir jetzt gehen.

Wangari Mathaai

Die Würde des Menschen ist unantastbar. Sie zu achten und zu schützen ist Verpflichtung aller staatlichen Gewalt.

Aus dem Grundgesetz der Bundesrepublik Deutschland

Mein Gelände

Gelände des Denkens

Was ist das Denken? Etwas, das sich nur in unserem Kopf abspielt? Die Widerspiegelung einer äußeren, tatsächlichen Wirklichkeit? Wir sind hier – die Welt ist dort und sie bestimmt uns, ohne dass wir wirklich wissen wie?

Das Denken ist eine Kraft, die uns das Andere, Fremde, Äußere, Stück für Stück erschließt. Etwas, das die Welt »an sich« zu einer Welt »für uns« machen kann. Die innere Außenwelt ebenso wie die äußere!

Das Denken ist eine Kraft, die die Wirklichkeit nicht nur passiv empfängt, sondern sie auch aktiv gestaltet. Unser Denken, unsere Ideen bestimmen auch unsere Wirklichkeit. Ideen, die sich aus Hass, Fanatismus, Egoismus, Neid, Chauvinismus und Intoleranz herleiten, sind Teil der menschlichen Geschichte und Gegenwart. Sie müssen aber nicht für immer die menschliche Geschichte begleiten.

Suchen wir nach einem Denken, das uns in andere Richtungen führt.

Oft wird das, was wir denkend erleben, nur als ein schattenhafter Abglanz der Wirklichkeit begriffen. Das Denken ist aber keineswegs blutleer und farblos. Denken ist eine Gestaltungskraft. Man könnte auch sagen eine Bild- und eine Bildekraft, die uns das Dasein erst wirklich nahebringt. Nur im Denken lässt sich die Welt innerlich erleben. Wenn wir die Welt nicht durchdenken, bleibt auch unser Erleben der Welt nur schattenhaft, da unser aktives Ich, unser Wille nicht wirklich zu den Dingen gegangen ist. Denken heißt so gesehen auch, die Welt durchzuarbeiten, sie innerlich zu durchformen und durchzugestalten. Viele Philosophen haben davon gesprochen, dass das Wesen der Dinge im Denken seinen Ursprung hat. Im aktiven Denken kann man erleben, was das heißt. Wir spüren, dass wir dem Ursprung des Daseins näher stehen.

Gelände des Denkens – Konstellation

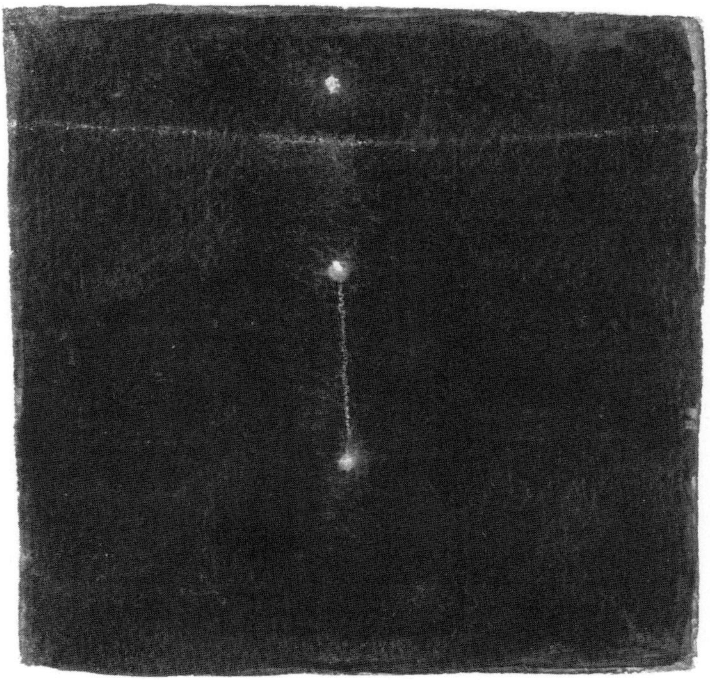

Gelände des Denkens

Der Glaube, dass die Welt durch Denken hervorgebracht worden ist und sich noch fortwährend so hervorbringt, der erst macht die eigentliche Denkpraxis fruchtbar.

Rudolf Steiner

Die Tätigkeitsformen des Denkens sind unbegrenzt und gestalten die Lebensumstände. Ein unreines Denken umgibt sich mit unreinen Dingen, und ein reines Denken umgibt sich mit reinen Umständen. Umstände sind folglich ebenso unbegrenzt wie die Tätigkeitsformen des Denkens ... Daher ist die Lebens- und die Todeswelt vom Denken geschaffen, dem Denken verhaftet, durch Denken regiert, und das Denken ist jeglicher Lage Herr und Meister.

Aus einer Mahayana Schrift

So groß die kosmologische Grundeinheit Welt im Ganzen sein mag, mit wievielen Lichtjahren und Lichtgeschwindigkeiten hier herumgeworfen wird und wie sie auch sein mögen: noch viel größer ist das menschliche Denken, weil es alles dieses umfassen kann.

Joseph Beuys

Wir müssen bis zur Ebene unserer eingeschliffenen Gewohnheiten gehen, um etwas zu ändern. Und dazu müssen wir das Innenleben in den Blick nehmen und der Sehende werden, der sieht.

Nisreyasananda

Mein Gelände

Gelände der Aufmerksamkeit

Im Wort Aufmerksamkeit steckt aufmerken.

Ich merke auf, wenn etwas Ungewöhnliches geschieht, wenn etwas die Routine stört.

In diesem Sinne wird Aufmerksamkeit als etwas von außen Provoziertes begriffen: ein Ereignis veranlasst uns dazu, genauer hinzuschauen, aufzumerken, was geschieht.

Es gibt aber auch eine Aufmerksamkeit, die wir selbst veranlassen.

Man könnte sie als Interesse bezeichnen, was vom Ursprung her »anwesend sein«, »Anwesenheit«, »dabei sein« heißt.

Interesse ist Teilnahme und Anwesenheit: präsent sein, an diesem Ort, nicht woanders.

Aufmerksamkeit ist also eine innere Aktivität, ein »aktives Hören«, bei dem ich ganz bei der Sache bin, ohne mich in ihr zu verlieren.

Gelände der Aufmerksamkeit – Konstellation

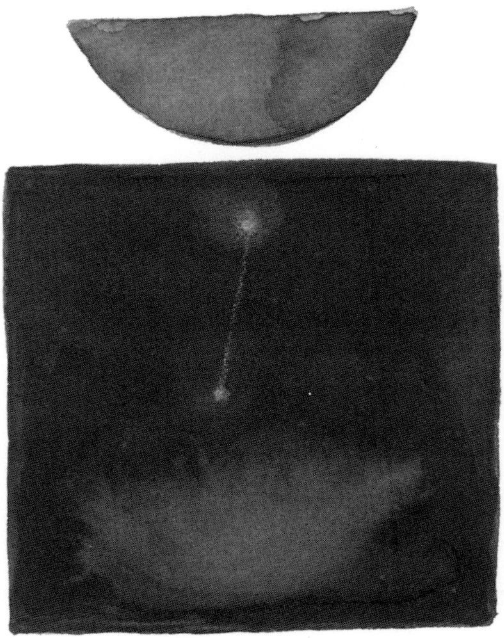

Gelände der Aufmerksamkeit

Die Phrase »Aufmerksamkeit schenken« ist sehr bedeutsam für unseren Versuch, uns mit der Welt zu verbinden. Ja, die Aufmerksamkeit ist eine echte Gabe, die wir verschenken ...
Der wichtigste Grundsatz von allen ist der, im Bewusstsein zu leben, zu wissen, was vor sich geht, sich bewusst zu sein, was wir tun und was wir sind in jeder Minute. Wenn wir ganz aufmerksam sind – in direktem Kontakt mit der Realität, nicht nur mit Bildern der Realität – stellen wir fest, dass die Phänomene miteinander korrelieren, endlos miteinander verflochten sind. Das ist das Prinzip des »Interbeing«.

Thich Nhat Hanh

Die Menschheit ist in großer Gefahr, und die einzige Lösung ist es, bewusster zu werden. Die einzige echte Gefahr, die existiert, ist der Mensch selbst. Er ist die echte Gefahr.

Carl Gustav Jung

Mein Gelände

Gelände der Eingebung

Eingebungen, Intuitionen sind die verborgensten Geschehnisse.

Wir können sie nicht abrufen, nicht herbeizitieren.

Wir treffen sie nicht – sie treffen uns.

Eingebungen sind keine Halluzinationen. Sie sind Hilfen in Momenten, in denen wir »mit dem Latein am Ende« sind.

Die evidenteste Intuition ist vielleicht die unseres Körpers. Verglichen mit unserem Verstand handelt und reagiert er nahezu genial.

Es gibt aber nicht nur diese körperliche Intuition, in der beispielsweise die Tiere ganz aufgehoben sind, sondern auch Intuitionen, die unser Handeln leiten können.

Moralische Intuitionen, die uns sagen, welche Richtung wir einschlagen sollten.

Diese Intuitionen, mit denen wir auf die Welt kommen, werden schnell verloren und es ist schwer, sie wieder zu entdecken.

Wir sollten Schulen gründen – Schulen der Einbildungskraft, Schulen der Imagination, Inspiration, Intuition.

Gelände der Eingebung – Konstellation

Gelände der Eingebungen

Noch ein totes Tier bewahrt stärkere Kräfte der Intuition als manche menschliche Wesen mit ihrem unerbittlichen Rationalismus.

Joseph Beuys

Die Ahnung

Die Ahnung
ist Sonde der Seele
in das Mysterium.
Nase des Herzens,
die das Dunkel der Zeit
durchforscht.

Federico Garcia Lorca

Das Horchende

Das Horchende, das feingespannte Segel.
Der Blick, geweitet, der sich leert.
Der Chor der mitternächtigen Vögel,
durch's Schweigen schwimmend, ungehört.

An mir ist nichts, ich gleich dem Himmel,
ich bin, wie die Natur ist: arm
so bin ich frei: wie jene Stimmen
der Mitternacht, des Vogelschwarms.

Du Himmel, weißestes der Hemden,
du Mond, entseelt, ich sehe dich.
Und, Leere, deine Welt, die fremde,
empfang ich, nehme ich.

Ossip Mandelstam

Mein Gelände

Gelände der inneren Aktivitäten

Es gibt nur ein Gelände der Transformation.

Niemand befindet sich außerhalb.

Und unsere innere Aktivität ist in dem Maße Teil davon, wie unsere sichtbaren Handlungen in der »äußeren Welt«.

Viele Lehrer, Philosophen, Aktivisten und Künstler über alle Kulturen und Kontinente hinweg haben Wege untersucht, uns aus unserem Schlaf zu wecken – In Bertold Brecht's Worten: durch Strategien der »inneren Mobilisierung«, durch »Brüche« und »Verfremdung«. Joseph Beuys' Interesse, die »Geheimnisse produktiv zu machen« und an der »Imagination zu kratzen«, verkörpert einen ähnlichen Impuls wie die »aktive Imagination« in der Psychologie der Archetypen, die aus der Arbeit von C. G. Jung hervorgegangen ist.

All diese Strategien, die innere Aktivität herauszufordern, holen uns aus dem Schlaf und öffnen den Sinn dafür, wo unsere echte Kraft liegt; den Sinn dafür, dass wir die Gestalter unseres eigenen Lebens und der Welt sind; dass dies das Gelände ist, auf dem »jeder Mensch ein Künstler ist«.

Gelände der inneren Aktivitäten – Konstellation

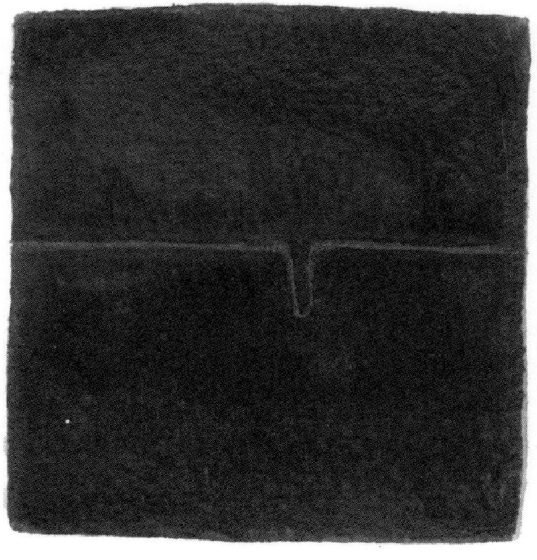

Gelände der inneren Aktivitäten

Agile, not stuck in the given.

Shelley Sacks

Philosophieren aber heißt, um seine innere Unabhängigkeit ringen unter allen Bedingungen. Was ist die innere Unabhängigkeit?

Karl Jaspers

Der Schmerz des Menschen ist doch in der Erkenntnis zu definieren, und damit man in der Erkenntnis weiterkommt, bedarf es eines dauernden Schmerzes.

Joseph Beuys

Sowohl die erkennende wie die künstlerische Tätigkeit beruhen darauf, dass der Mensch von der Wirklichkeit als Produkt sich zu ihr als Produzenten erhebt; dass er von dem Geschaffenen zum Schaffen, von der Zufälligkeit zur Notwendigkeit aufsteigt.

Rudolf Steiner

Der Künstler fühlt sich an die natürlichen Realitäten nicht so sehr gebunden, weil er an diesen Form-Enden nicht das Wesen des natürlichen Schöpfungsprozesses sieht. Denn ihm liegt mehr an den formenden Kräften als an den Form-Enden.

Paul Klee

Mein Gelände

Gelände der Einbildungskraft

Das Gelände der Einbildungskraft scheint für uns wie selbstverständlich das Gelände der Kunst zu sein.

Hier hat unsere Phantasie die Freiheit, sich alle möglichen Welten zu erschaffen. Aber gibt es nicht eine Einbildungskraft, die alle diese inneren Möglichkeiten übersteigt?

Die in der Lage ist, die Welt als eine Skulptur zu sehen, an der jeder Einzelne von uns Gestalter ist?

Nutzen wir unsere Einbildungskraft, um aus uns selbst die schönste Skulptur zu machen.

Nutzen wir sie, um all das Hässliche, nicht Gelingende, Zerstörung und Ungerechtigkeit zu verwandeln.

Die Einbildungskraft ist unser erster echter Schritt auf dem Weg zur Transformation.

:, sich alle möglichen Welten zu erschaffen.

t, die alle diese inneren Möglichkeiten in den Schatten stellt?
Skulptur zu sehen, an der jeder Einzelne von uns Gestalter ist?
ım aus uns selbst die schönste Skulptur zu machen.

nicht Gelingende, Zerstörung und Ungerechtigkeit zu
ınser erster echter Schritt auf dem Weg zur Transformation.

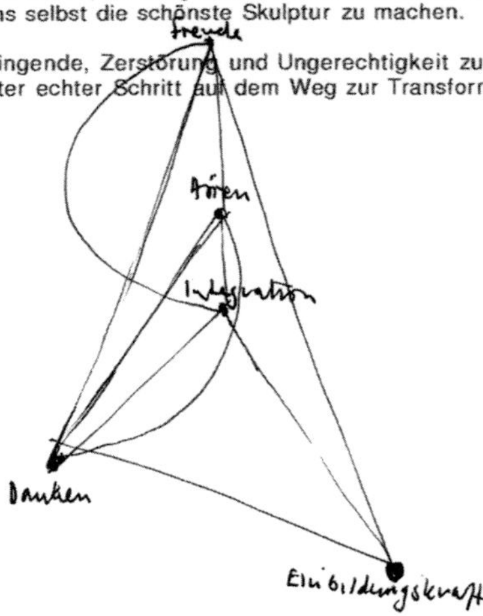

: nach Schatten."
Sternen."
Lippen

Lachen,

schüttre

rfülle

Gelände der Einbildungskraft

Neue Lieder

Der Nachmittag sagt: »Ich habe Durst nach Schatten.«
Der Mond sagt: »Ich habe Durst nach Sternen.«
Die Quelle aus Kristall verlangt nach Lippen
und Seufzer haucht der Wind.

Ich habe Durst nach Düften und nach Lachen,
nach neuen Liedern Durst
mit Monden nicht, nicht Lilien
und nicht mit toten Lieben.

Ein Sang von morgen, welcher tief erschüttre
die ruhigen, stillen Wasser
der Zukunft und mit Hoffnung ganz erfülle
die Wellen und den Schlamm.

Ein leuchtender und lang gelagerter Gesang
der voll ist von Gedanken,
jungfräulich ist von Traurigkeiten, Ängsten
und jungfräulich von Träumen.

Ein Sang, der ohne Lyrikfleisch erfülle
die Stille mit Gelächter
(ein Schwarm von blinden Tauben, aufgebrochen
zum Mysterium).

Ein Sang, der zu der Dinge Seele gehen soll
und zu der Winde Seele,
und der dann schließlich ruhe in der Freude
des ewigen Herzens.

Federico Garcia Lorca

Mein Gelände

Gelände des Hörens

Joseph Beuys hat einmal das Hören als eines unserer wichtigsten »Wahrnehmungsorgane« bezeichnet. Hören können wir aber nicht nur mit dem Ohr, sondern auch mit einem inneren Sinn, mit dem wir uns gleichsam die »Innenseite« der Dinge erschließen.

In der physischen Welt hören wir mit dem physischen Ohr, in der seelischen mit seelischen »Organen«. Immanuel Kant sprach in diesem Zusammenhang einmal davon, der Mensch sei in der Lage, der Natur ihre Geheimnisse »abzulauschen«.

Ablauschen können wir dann, wenn wir bereit sind, uns in die Dinge hineinzuversetzen und ihnen nachzuspüren. Wenn wir uns mit unserem eigenen Wesen ganz auf das Andere einlassen. Dann geben die Dinge etwas von dem preis, was man als ihr Wesen oder ihre Seele bezeichnen könnte.

So werden wir lernen müssen, die Stimmen derjenigen zu hören, die unser Tun erleiden. Die unerhörten Töne. Die Stimmen der Bäume und der Tiere, die Stimmen der Luft und die der Toten, die Stimmen der Qualen, die Stimmen der Leiden. Die Stimmen des Wassers, des Mondes, des Tages und der Nacht.

Dann können wir antworten, ein Gespräch beginnen.

Gelände des Hörens – Konstellation

Gelände des Hörens

Ein Gedicht weckt mich
und begleitet mich nach draußen.
Später dann begleitet mich
ein anderes Gedicht beim Einschlafen.

Zwischen beiden Gedichten schwebt die Zeit
wie ein verwirrter Hirsch,
der den Traum und die Gedichte nicht kennt.

Roberto Juarroz

Wir müssen die nicht-menschlichen Stimmen in jedem Gestaltungsprozess wahrnehmen ... und menschliche Lebensräume in Bezug auf die Ökologie schaffen ... Wir Menschen sind Teilnehmer an einem aufstrebenden Prozess.

Joanna Macy

Denn das Leiden ist natürlich ein bestimmter Ton in der Welt. Er ist hörbar. Man sieht ihn wohl auch. Wer sich einmal anstrengt, solches wahrzunehmen, der sieht im Leiden ständig eine Quelle der Erneuerung ... eine Quelle von kostbarer Substanz, die das Leiden in die Welt entlässt ... eine wohl unsichtbar-sichtbare sakramentale Substanz. Und wer das heute merkt, sind weniger die Menschen als die Bäume. ... deswegen pflanze ich ja Bäume. ... [nicht] weil Bäume schön sind. Nein, ich sage, die Bäume sind heute ja viel intelligenter als die Menschen. Wenn der Wind durch die Kronen geht, dann geht zu gleicher Zeit durch die Krone, was die leidenden Menschen an Substanz auf die Erde gebracht haben. Das heißt, die Bäume nehmen das längst wahr. Und sie sind auch schon im Zustand des Leidens. Sie sind entrechtet. Sie wissen das ganz genau, dass sie entrechtet sind. Tiere, Bäume, alles ist entrechtet. Ich möchte diese Bäume und diese Tiere rechtsfähig machen. Das ist selbstverständlich eine Pflicht des Menschen.

Joseph Beuys

Ein alter Sänger, irgendwo in der Ukraine oder in Galizien wurde einmal gefragt: »Für wen singst du?« Darauf der Kantor: »Ich singe immer einem Punkt zu.« Frage: »Warum machst du das?« Der Sänger: »Ich mache das so lange, bis der Punkt zu mir singt.« »Machst du das immer?« »Ja, bis alle Punkte singen.«

Mein Gelände

Gelände der Verbindungen

Als Kind muss ich sehr früh lernen, dass ich getrennt bin, nicht eins mit dem Körper von Vater und Mutter, nicht aus derselben Familie wie du, nicht von derselben Straße, derselben Stadt. Ich lerne, dass es Dinge »draußen« gibt, mit denen ich zusammenstoßen kann. Das sagen mir meine Augen. Das sagen mir meine Hände. Aber während dies geschieht, täuschen mich meine Augen und meine Hände zugleich auch.

Sie sagen mir nicht, dass die Luft, die ich atme, dieselbe Luft ist, die sich in dich hinein und wieder aus dir herausbewegt. Sie sagen mir nicht, dass die Schwingung, die mich erreicht, dieselbe ist wie die, die dich erreicht. Sie erzählen mir nicht, dass die ganze Welt zu einem großen Schwingungsfeld verbunden ist, vom kleinsten Teilchen angefangen bis zum größten Planeten. Sie sagen mir nicht, wie fein ausgeglichen alles ist in diesem immensen, verwobenen Kosmos, wie meine Gedanken dich berühren, wie meine Zweifel und Unsicherheiten Turbulenzen in den unsichtbaren Zonen erzeugen. Ich sehe nur das, was ich sehe.

Vielleicht ist dies der Grund dafür, warum es so schwierig ist, Fürsorge über die Distanz zu entwickeln. Fürsorge für die, die das, was wir brauchen, auf der anderen Seite des Planeten für uns herstellen. Sorge für die Flüsse zu tragen, die durch die Chemikalien, mit denen wir unsere Badezimmer reinigen, vergiftet werden. Vielleicht ist dies der Grund dafür, dass wir nicht sehen, dass jeder menschliche Eingriff in das Gegebene auf einer ganz bestimmten Ebene eine Auswirkung auf die ineinander verwobenen Fasern des Kosmos hat.

Nun beginnen die Erde und all ihre Wesen uns zu zeigen, welche Auswirkungen unser Handeln hat. Schmerz und Schäden wurden zu unseren Lehrern. Nun haben wir die Möglichkeit, Augen für das zu entwickeln, das nicht sichtbar ist, Wahrnehmungsorgane, die unser Aufeinander-bezogen-Sein erfassen können. Und mit diesen neuen Augen, neuen Ohren, neue Organen des Verstehens beginnen wir zu sehen, dass wir die Freiheit und die Möglichkeit haben, differenziert zu antworten. Wir haben die Möglichkeit zu antworten: Das ist die Basis für jede echte Ver-antwortung.

Gelände der Verbindungen – Konstellation

Gelände der Verbindungen

Wie verbindet man einen Gedanken
mit einem anderen Gedanken?
Wie verbindet man
alle Gedanken eines Menschen?
Wie verbindet man die Gedanken
aller Menschen?

Manchmal spüren wir,
dass alles Denken ein einziger Fluss ist,
der das Rad
einer einzigen Mühle bewegt.

Roberto Juarrez

Es gibt kein unabhängiges Ding, keine unabhängige Tatsache oder Erfahrung, weil kein Teil der Welt ohne alle anderen existieren kann. Auch wenn alles so aussieht, als sei es eine unabhängige Entität, ist es doch abhängig und solchermaßen mit etwas anderem verwoben. Alles (Ding, Tatsache, Erfahrung oder was auch immer) ist auch aus anderen Dingen gemacht. Was auch immer als unabhängiges Ding erscheinen mag, ist doch immer auch eine Kombination der es bedingenden Elemente. Diese Elemente sind die Einflüsse der anderen Dinge, mit denen es verwoben ist. Und auch diese Elemente wiederum sind bedingt durch andere Kombinationen. Die Welt ist ein unendliches Netz von Kombinationen.

Nach Thich Nhat Hanh

Ein Strom frischer Luft strömt durch uns hindurch, so, als ob wir vom Leben ausgeatmet würden. Jede/r in dieser Stadt, auf diesem Planeten ist erfüllt von diesem Leben, gerade jetzt in diesem Moment. Wir werden alle gehalten in diesem weiten, lebendigen Netz.

Council of All Beings

Alle Dinge teilen den gemeinsamen Atem – das Tier, der Baum, der Mensch ...

Häuptling Seattle in seiner Antwort an die US Regierung

Mein Gelände

Gelände des Einandertreffens

Was geschieht, wenn wir aufeinander treffen?

Wie können wir tatsächlich an dem Anderen partizipieren, ohne dass wir immer wieder nur uns selbst vernehmen, immer nur uns selbst verstehen?

Einandertreffen ist ein »oszillierender Prozess«. Ich nehme durch mein Gegenüber etwas wahr, was mir selbst fehlt, ich wiederum gebe ihm etwas, das er nicht besitzt. Woher aber nehme ich das Meine, er das Seine? Es ist sein Interesse, mein Interesse, das uns je auf unsere eigene und unnachahmliche Weise mit der Welt verbindet. So kann ich ihm etwas von der Welt geben, etwas von dem inneren Reich, das ich mir durch meinen Austausch schuf – und er mir.

Das ist der wahrhaft poetische Weg der Kommunikation. Poesie heißt, im Anderen sein, durch ihn die Welt erleben, eine kurze Wegstrecke die Geister zu tauschen, um dann wieder in die eigene Richtung zu gehen.

Gelände des Einandertreffens – Konstellation

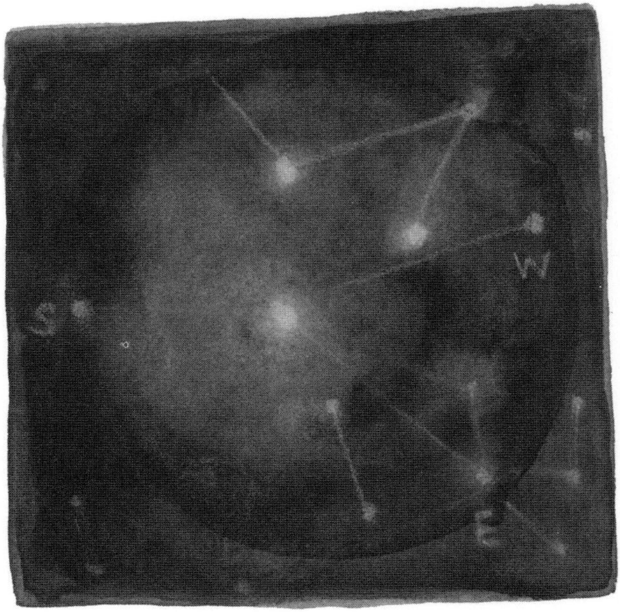

Gelände des Einandertreffens

Es gibt »die Stille des reinen Zuhörers« ... durch die die Nachricht des anderen zum »er oder sie in uns« wird, die Stille tiefen Interesses. Sie ist bedroht durch eine andere Stille – die Stille des Desinteresses, die davon ausgeht, dass es nichts gibt, das ich durch das Gespräch mit dem anderen wünschen oder erhalten kann ... Um so größer der Abstand zwischen diesen beiden Welten ist, um so mehr ist diese Stille tiefen Interesses ein Zeichen der Liebe.

Ivan Illich

Dem anderen mit Achtung und Offenheit zu begegnen, weckt in uns die Fähigkeit, einen Sinn für den anderen zu entwickeln. Das heißt, sorgsam auf die Sprache zu hören, die dieser Mensch spricht. Was ist der Gedanke, der in ihr verborgen liegt?

Rudolf Steiner, nach Albert Soesman

Der Begriff der menschlichen Würde scheint mir heute besonders eine Frage der Kommunikation und des Verstehens von Menschen zu sein. Wo ein Mangel an Würde herrscht, herrscht immer ein Mangel an Verständigung. Menschliche Würde beginnt mit dem Gespräch: für den Sprechenden und für den Hörenden. Menschliche Würde verleihe ich durch das Hören, und menschliche Würde verleihe ich durch das Geben im Sprechen.
Menschliche Würde verleihe ich durch das lebendige Interesse an den Anschauungen des Anderen. Ich habe immer wieder wahrgenommen, wie dieses Interesse an dem Anderen zugleich auch dessen Ausdruckfähigkeit steigert. Durch mein Interesse verleihe ich dem Anderen eine Würde, die konstruktiv ist. Sehen wir alle Menschen als einen Menschen an, ein unendliches Organ, das in die entlegensten Winkel unseren inneren und äußeren Universums blickt, dann wissen wir, der Nächste erlebt und erfährt für uns etwas, das für alle Menschen von Bedeutung ist.

Wolfgang Zumdick

Sprechend und handelnd schalten wir uns in die Welt der Menschen ein, die existierte, bevor wir in sie geboren wurden, und diese Einschaltung ist wie eine zweite Geburt.

Hannah Arendt

Mein Gelände

Gelände der Freiheit

Wie frei sind wir Menschen wirklich?

Wie weit sind wir durch »die Kräfte der Vergangenheit« bestimmt?

Haben wir die Möglichkeit, ihre Schalen abzusprengen und auch das Zukünftige zu denken, um es als unsere Gestaltungsaufgabe zu begreifen?

Viele Denkerinnen und Denker, engagierte Politikerinnen und Politiker, Künstlerinnen und Künstler, Aktivistinnen und Aktivisten haben diese Frage immer wieder aufgeworfen und – zumindest für sich selbst – eindeutig bejaht.

Die Fähigkeit zur Freiheit ist eine innere, aktive Bereitschaft, sie auch leben zu wollen.

Freiheit ist ein Bewusstseinsprozess.

Wirft man sie nur »per verbum« in den Raum, so bleibt sie eine Phrase.

Freiheit ist Aktivität, und es liegt in der eigenen Verantwortung, sie zu verwirklichen.

Die Antwort auf die Frage nach der Freiheit kann offensichtlich immer auch nur die Entdeckung der eigenen Freiheit sein.

Gelände der Freiheit – Konstellation

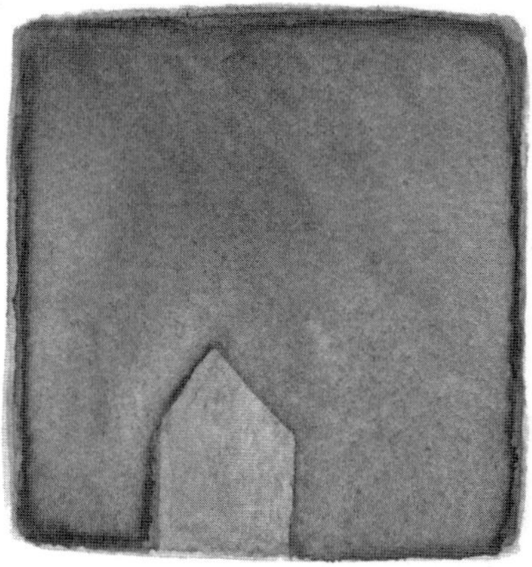

Gelände der Freiheit

Wären wir vollständig durch die Umstände und Ereignisse, durch unsere Geschichte und die sozialen Bedingungen, in denen wir leben, geprägt, wären wir nicht in der Lage, überhaupt etwas zu ändern. Aber der Ort der Freiheit liegt in uns. Wir können die Umstände, die derzeit die Erde und uns selbst zerstören, umgestalten.

Shelley Sacks

Solange man handelt, ist man frei, nicht vorher und nicht nachher, weil Handeln und Freisein ein und dasselbe sind.

Hannah Arendt

Leben ist, wie wir antworten – was auch immer uns begegnen mag.

Nach C. G. Jung

Kunst = Kapital!

Joseph Beuys

Die Freiheit wird uns von niemandem geschenkt, wir müssen sie selbst kultivieren.

Thich Nhat Hanh

Mein Gelände

Gelände der Integration

Fremd sein können die Menschen auch im eigenen Land.

Gegenüber dem Nachbarn, den Behörden, gegenüber sich selbst.

»Ausländer« kann man auch im Inland sein.

Jeder Mensch könnte lernen, sich selbst zuzuhören. Die Frage »Was tue ich hier auf dieser Erde?«, ist eine Frage, die uns alle vereint. Die Beschäftigung mit ihr ist eine gute Basis für ein gelingendes Gespräch untereinander und ebenso die Basis für eine neue und andere Form der Begegnung und Integration.

In einem erweiterten Sinne gilt dies auch für unser Gespräch mit den »Dingen« und Wesen dieser Erde.

Es wird möglich, einen oberflächlichen Begriff von Toleranz zu überwinden und tiefer in das Dasein einzudringen.

Gelände der Integration – Konstellation

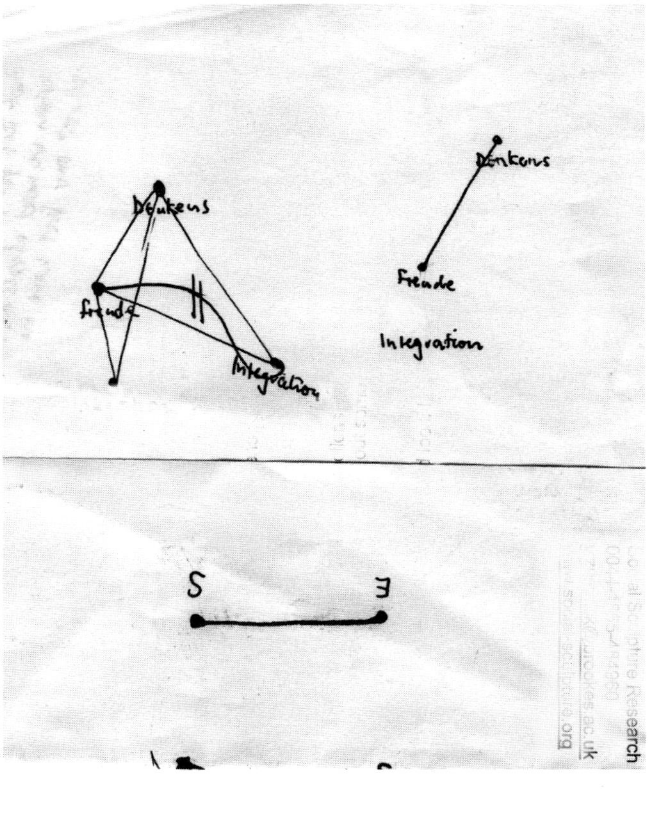

Gelände der Integration

Es gibt unterschiedliche Formen von Enteignung, viele, viele Wege, Menschen zu berauben oder Schikanen zu unterwerfen – es muss nicht die Kolonialisierung sein. Wenn du dich bereit erklärst, dich mit den Menschen in einer [ihrer] Geschichte zu verbinden, dann fängst du möglicherweise an, dich selbst in der Geschichte zu erleben, auch wenn sie oberflächlich gesehen noch so weit weg von deinen Lebensumständen sein mag.

Chinua Achebe

Ich glaube, dass die Humanität, die niemals von ihren Feinden besiegt wurde, zu guter Letzt erfolgreich sein wird. ... Anstelle von Krieg, Hass und Grausamkeit werden die Grundlagen auf der Botschaft von Hafiz, dem alten persischen Dichter ruhen: »Jede Basis hat ihre Fehler mit Ausnahme der Basis der Liebe. Einzig sie ist fehlerfrei.«

Faiz Ahmed Faiz

As William Blake said of innocence and our initial oneness with the world – that we have to move from »innocence« to experience in order to come to a higher, more conscious form of innocence – one could say too of integration: our beginnings as one, the fall into separateness and otherness, and the path toward (re) integration.

Shelley Sacks

Integration: fem., von lat. integer, bzw. griech. entagros = unberührt, unversehrt, ganz. Zu deutsch: Herstellung eines Ganzen.

Mein Gelände

Gelände der Globalisierung

Wir sind auf der Suche nach einer gerechten Verteilung aller Güter auf der Erde – der physischen, der seelischen, der geistigen. Erst so wäre eine echte Teilhabe, eine echte Geschwisterlichkeit unter den Menschen möglich.

Je mehr ein jeder von uns innerlich wachsen kann, desto größer wird der Reichtum der Menschen auf der Erde sein.

Aber wir sind nicht allein. Es gibt auch andere Wesen – die Erde ist eines von ihnen –, die ihre eigene Berechtigung zum leben haben. Um die Ganzheit zu sehen, müssen wir eine andere Art von Denken schaffen: ein sehendes Denken, ein hörendes Denken. Ein Denken, das zu den Dingen geht, ihnen zuhört und so die Verbindung der Wesenheiten erfährt.

Dann werden wir in der Lage sein, ein globales System zu gestalten, das stimmt: stimmt für alle Wesen. Die Zeit des unverbundenen Denkens ist vorbei. Die Zeit eines umfassenden, sehenden Denkens ist da!

Dieses Denken ermöglicht eine innere Beweglichkeit, die sich auf unsere Bildhaftigkeit bezieht. Jeder Bauer träumt; jeder Lehrer, Koch, Fabrikarbeiter. Diese Fähigkeit, Bilder im Innern zu sehen, kann auf die äußere Welt übertragen werden, um dort neue Gesellschaftsbilder zu entwickeln. Auf dieser Ebene sind wir alle schon Künstler. Und hierin liegt unsere daseinsverändernde Kraft.

Gelände der Globalisierung – Konstellation

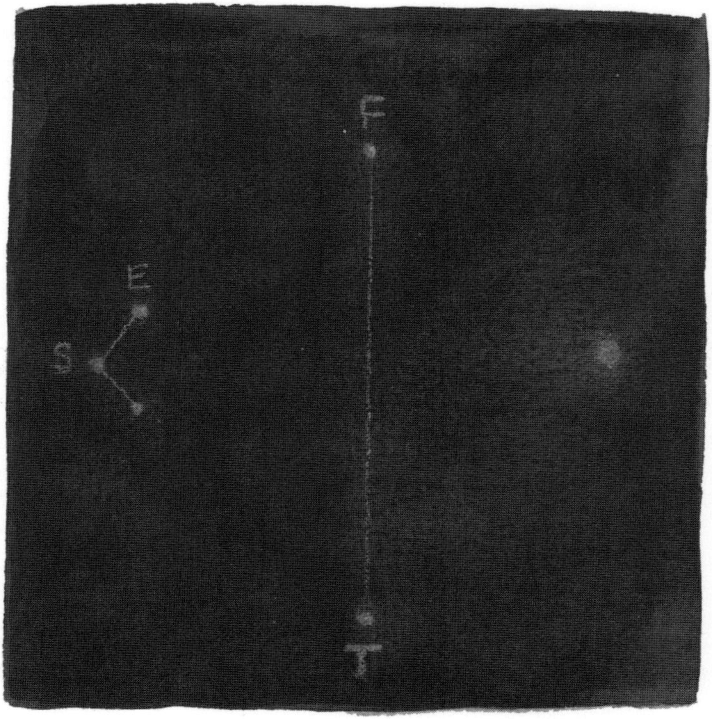

Gelände der Globalisierung

Das Heil einer Gesamtheit von zusammenarbeitenden Menschen ist um so größer, je weniger der einzelne die Erträgnisse seiner Leistungen für sich beansprucht, das heißt, je mehr er von diesen Erträgnissen an seine Mitarbeiter abgibt und je mehr seine eigenen Bedürfnisse nicht aus seinen Leistungen, sondern aus den Leistungen der anderen befriedigt werden. *Rudolf Steiner*

Die Erkenntnis von unserer gegenseitigen Abhängigkeit macht sofort einsichtig, dass jeder von uns die Verantwortung für alles, was geschieht, teilt. Es gibt kein Phänomen im Weltall, das uns nicht unmittelbar betrifft. In dem Moment, in dem wir uns dieser Verantwortlichkeit bewusst werden, werden wir bewegt zu handeln und die Situation zu verbessern: »Wenn wir sehr bewusst sind, können wir etwas tun, das den Lauf der Dinge ändert.« ... und das bedeutet, dass sich beides ändert, die Situation und das Selbst. Wir müssen ... tief in die Dinge schauen, um zu sehen, wie wir ändern, wie wir unsere Situation verändern können. Unsere Situation ändern heißt auch, unser Gemüt zu verändern. Unser Gemüt zu verändern bedeutet auch, unsere Situation zu verändern, denn unsere Situation ist Geist und Geist ist Situation. *Nach Thich Nhat Hanh*

Wir müssen unsere immanenten Beziehungen mit jedem anderen und mit den systemischen, heilenden Kräften des Netzes des Lebens freilegen und erfahren, so dass wir vielleicht motiviert und angefeuert werden, unseren Part bei der Schaffung einer nachhaltigen Zivilisation zu spielen. *Joanna Macy*

Es mag sehr viel erfolgreicher sein, Respekt für die Unterschiedlichkeit (der Menschen) zu entwickeln, wenn man sich auf die tiefen Gemeinsamkeiten universaler Menschlichkeit besinnt, als auf die Unterschiede, die zwischen ihnen liegen. *Mind-Life Institute 2009*

Es erwächst die Möglichkeit der Kommunikation der Menschen über den Erdball, in dem Maße, dass überall im Menschen ein Bewusstsein der Einheit der Menschen wach wird. Es ist als ob alle geistige Bewegung ihr Gewicht dadurch hat, dass sie Menschheitsangelegenheit werden muss. *Karl Jaspers*

Mein Gelände

Gelände der Entschlossenheit

»Yes, we can!« und »Another world is possible« – diese beiden Sätze drücken wie kaum etwas anderes das gegenwärtige Zeitgefühl eines großen Teiles der Menschen aus.

Es ist möglich, die alten Grabenkämpfe, die Rassismen, Chauvinismen, die alten Ungerechtigkeiten wie Ungleichheit, Armut, Bildungslosigkeit, Abhängigkeit zu überwinden und jedem Menschen auf der Erde ein Leben in Würde zu sichern.

Vielleicht ist die Menschheit trotz aller Bedrohungen und Krisen näher an diesem Punkt als je zuvor. Wir beginnen uns auf dem Planeten als eine Einheit zu fühlen, in der jeder für das Leben seines Mitmenschen mitverantwortlich ist.

Dies gab es in der Geschichte der Menschheit niemals zuvor.

Gelände der Entschlossenheit – Konstellation

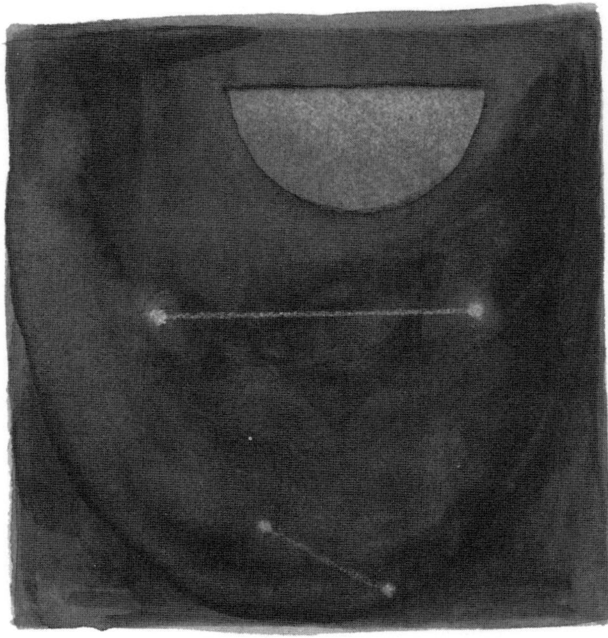

Gelände der Entschlossenheit

Man darf nicht untergehen!

Joseph Beuys

Wir sind auf einer Mission. Zur Bildung der Erde sind wir berufen.

Novalis

Die Bäume sind nicht wichtig, um dieses Leben auf der Erde aufrecht zu erhalten, nein, die Bäume sind wichtig, um die menschliche Seele zu retten. Dieser Spinatökologismus, der interessiert ja nicht. Die Welt kann untergehen. Diese Erde kann zu Bruche gehen. Aber wenn die Erde in diesem Zustand zu Bruch geht, wie sie jetzt ist, dann ist die menschliche Seele in Gefahr. Das einzige, was sich lohnt aufzurichten, ist die menschliche Seele.

Joseph Beuys

Eine andere Welt ist möglich!

World Social Forum

Vor der Notwendigkeit fliehen? Wie Kinder? Aber dann würden wir doch den Wert des Lebens verlieren.

Simone Weil

Mitgefühl reicht nicht hinaus bis zum anderen. Es ist – wie die wörtliche Bedeutung ahnen lässt – ein miteinander fühlen. Mitleid bedeutet, das eigene Schicksal und das des angenommenen anderen als identisch zu erleben. So gesehen heißt es, das Leid des anderen als das eigene Leid zu erfahren.

Thich Nhat Hanh

Die Situationen wandeln sich, Gelegenheiten treten auf. Wenn sie versäumt werden, kehren sie nicht wieder.

Karl Jaspers

Mein Gelände

Gelände der Bürgerschaft

Obwohl das Wort »Bürgerschaft« die gleichen Wurzeln hat wie das Wort »bürgerlich«, heißt das keineswegs das süße, schöne Leben für mich, das den anderen ausschließt.

Bürgerschaft ist eine echte Herausforderung. In dem Maße, in dem sich Bürgerschaft über die Jahrhunderte entwickelte, wurden wir uns immer klarer über unsere Rechte, die in den Gesetzen festgelegt sind. Aber wir sind uns nicht sehr viel klarer über unsere Verantwortung geworden.

In einem von uns gemeinsam bewohnten Raum, wie es die »Stadt« oder das »Land« ist, in diesem gemeinsamen physischen Gebiet, müssen wir ein anderes Gebiet gestalten: das Gelände der Kultur, des Austauschs, des Einfühlungsvermögens, des Miteinander-Lebens.

Wir müssen lernen, eine Soziale Skulptur zu gestalten, in der einerseits der Einzelne nicht durch die Bedürfnisse der Gemeinschaft verleugnet und überschattet wird, in der andererseits aber auch das Ganze in unseren Versuchen, uns selbst zu verwirklichen, nicht untergeht.

Um die Soziale Skulptur zu gestalten, muss ich eine aktive Bürgerin werden, eine die zuhört, die spricht und die handelt. Die sich genau so engagiert für das Ganze, wie für ihre eigenen Belange einsetzt, im permanenten Dialog mit den anderen.

Joseph Beuys nannte diesen kreativen sozialen Raum der Verhandlung und Veränderung die »permanente Konferenz«. Und in diesem aktiven Engagement für, und in diesem stetigen Austausch mit den anderen schließt sich genau dasjenige ein, was Hannah Arendt als »echtes aktives Handeln« bezeichnete.

Gelände der Bürgerschaft – Konstellation

Gelände der Bürgerschaft

Weil das Individuum und die Gesellschaft füreinander da sind, muss jeder von beiden den anderen ernähren oder beide werden verkümmern. Die Erhaltung unserer selbst ist dasselbe wie die Erhaltung aller; die Heilung des eigenen Leidens ist dasselbe wie die Heilung der Leiden aller. Das ist Mitleid.

Thich Nhat Hanh

Mitleid und Einfühlungsvermögen sind wesentlich für die Entwicklung einer freundlicheren, gerechteren und fürsorglicheren Gesellschaft. Als Emotionen, die unser Bewusstsein für die Verbundenheit mit anderen verkörpern, dienen sie als die Grundlage für Selbstlosigkeit, Zusammenarbeit, Hilfe und anderes soziales Verhalten. ... Menschen haben eine ganz natürliche Neigung zu Mitleid und Einfühlungsvermögen, aber sie brauchen ein »spezielles Training«, um diese Gefühle über den unmittelbaren Kreis von Familie, Freunden und anderen, die uns sehr nahe stehen, hinaus zu erweitern. Eine Schlüssel-Herausforderung, um Weltbürger heranzuziehen, ist es, die Sorge über diesen engeren Kreis hinaus auszudehnen und damit die größere, interdependente Welt in all ihrer Vielfalt zu umspannen.

Der Dalai Lama

Ich muss wissen, dass der ganze Reichtum nicht mir gehört; was mir gehört, ist das Recht auf ein ehrwürdiges Leben, das nicht besser ist als das, das von Millionen anderer auch genossen wird. Der Rest meines Reichtums gehört der Gemeinschaft und muss auch zur Wohlfahrt der Gemeinschaft eingesetzt werden.

Gandhi

1987 entwickelte die UN den Slogan »think globally, act locally«. Für die Bürger heißt global denken, dass sie sich klar machen, dass unser Handeln und unser Lebensstil Konsequenzen haben, die über die eigene lokale Umwelt weit hinausgehen. Lokal handeln heißt, unseren Teil der Verantwortung dadurch zu übernehmen, dass wir unseren Lebensstil lokal ändern, um damit für die Entwicklung der Nachhaltigkeit auf der globalen Ebene zu handeln. ... Nachhaltige Entwicklung ist nicht nur die Sache internationaler Entscheidungsträger, sie liegt ebenso in der Verantwortung eines jeden einzelnen Bürgers.

Council of Europe

Mein Gelände

Gelände der Liebe

Können wir etwas wirklich treffen, einen Baum, eine Kreatur, eine Situation, einen anderen, wenn wir nicht zuvor uns selbst treffen und respektieren, was wir dort treffen?

Die unbedingte Liebe der Eltern für ihr Kind, die wie die des Kosmos für alle Wesen ist, ist die mächtige Kraft, die uns unser Leben lang unterstützt.

Wie die Lebenskraft, die durch die Pflanze strömt, werde ich durch meine Liebe getragen: meine erste Liebe – das Geschenk des Lebens; meine zweite Liebe – ich selbst, du und die Mysterien, dass es etwas gibt, dem ich in uns und jenseits von uns begegne.

Gelände der Liebe – Konstellation

Gelände der Liebe

Der selbstlose Wille, der im reinen Denken als reiner Wille gefunden wurde, hat die Freiheit zur Tat begründet. Wenn aber in dieser Freiheit kein Zwang mehr vorhanden ist, was zwingt mich dann, noch etwas zu tun? Denn um Abhängigkeiten und Zwänge kann es sich bei der Freiheit nicht handeln. Noch einmal: Wenn das ganze System des kreativen Quellpunktes für die Produktion mich vollkommen in Freiheit lässt, was bringt mich dann dahin, zur Tat zu schreiten? Die Liebe zur Sache. – Zwischen Wille und Denken wirkt nun das Herz, in dem die Liebe zur Sache die einzige Veranlassung ist.

Joseph Beuys

Ich liebe dich, Tomate, weil du nach Tomate schmeckst
Und ich kenne deine Feuchte
Sie ist für meinen Mund, doch zuerst für deine Vermehrung

Ich liebe dich, Apfel, wegen deines fahl-goldenen Fleisches
Es trägt mich in deine Welt; weckt die Lust in mir,
wie der Eros in deinen Samen, die darauf warten, den Boden zu berühren

Ich liebe dich, Karotte, so unermesslich, so einfach
liebe dein strahlendes Orange und Grün
das niemals zweifelt, wer du bist und führt mich zu mir selbst zurück

Du gibst mir Wahrheit, wenn ich dich schmecke
Wenn ich dich halte, dich rieche

Wie du es tust, Geliebter im Boot
In der Welt, in den Sternen
Der, auf den ich warte um ihm zu folgen

Auch wenn die Zeit in unsere Haut geschrieben ist
– die Zukunft ist gewoben in unser Herz

Shelley Sacks

Mein Gelände

Gelände der Antwort

Wie den Düften im abendlichen Garten folge ich den Fragen und gelange zu der Blume, die unseren Blicken oft verborgen bleibt. Im Zwielicht, an den Rändern des Tages: im Wunder und im Leiden – in beiden warten die Antworten auf uns.

Wenn ich einen stillen Raum für mich bereite, kann ich sie in mir hören. In mir, im anderen und in den Formen des Kosmos, die überall um mich herum sichtbar sind. Der Mensch ist eine dieser Formen.

In diesem Raum, in dem ich meinen Blick erweitern kann, ist es möglich zu sehen, dass der Mensch ein Freiheitswesen ist, in der Lage, eine Welt der Bewusstheit und Fürsorge zu entwickeln. Ist es möglich, eine miteinander verbundene Welt zu sehen, die darauf brennt, die Menschen darauf aufmerksam zu machen, neue Wahrnehmungsorgane zu entwickeln, neue Lebensformen und neue Formen eines ökologischen und sozialen Lebens.

Sobald meine Fragen das Feld des Denkens aktivieren, beginnen leise Echos zu tönen. In diesem Sinn sind die Fragen die Richtkräfte, durch die wir zu den Antworten bewegt werden.

Gelände der Antwort – Konstellation

Gelände der Antwort

Einstein wurde einst gefragt: »Welches ist die wichtigste Frage, die man im Leben stellen kann?« Seine Antwort war: »Ist das Universum ein freundlicher Ort oder nicht?«

Mein Leben ist meine Botschaft.

Gandhi

Es ist ein Prozess des »Wieder-Erzählens« bei all jenen Menschen im Gang, die durch alle möglichen Formen der Enteignung zur Stille verurteilt waren. Dieses Wieder-Erzählen wird andauern und irgendwann einmal zu einer »Balance der Erzählungen zwischen allen Menschen auf der Welt« führen.
Die umfassende Zivilisation, von der ich träume, ist etwas, das wir selbst schaffen werden. Alle diejenigen, die behaupten, sie sei da, schlagen vor, sie solle in einer falschen Weise da sein – sie sagen uns, lasst uns hier ein Ende machen und das, was wir jetzt haben, eine universale Gemeinschaft nennen. Aber wenn wir wirklich eine solche Zivilisation wünschen, dann sollten wir sie auch herausbringen. Und wenn sie dann erscheinen wird, dann werden wir wissen, dass sie es ist, denn sie wird sich sehr von dem unterscheiden, was wir jetzt haben. Wir müssen in diesem Gespräch bleiben, das ein Gespräch der Erzählungen, ein Gespräch der Sprachen ist und sehen, was passiert.

Chinua Achebe

Die meisten Menschen fangen damit an, Lösungen für ihre eigenen Probleme zu suchen. Schließlich entdecken sie, dass persönliche Lösungen die Lösungen für die Probleme der Gesellschaft mit beinhalten müssen – und vice versa. Der Grund dafür ist, dass man realisiert, dass jede Person aus all den Elementen besteht, die nicht zu ihr gehören. Alle anderen Personen in der menschlichen Gemeinschaft sind in jedem von uns. Alle diejenigen, die Opfer der Ungerechtigkeit sind und auch die Täter der Ungerechtigkeit sind in jedem von uns. So teilt jeder von uns die Verantwortung für die sozialen Bedingungen, die jedes soziale Böse schaffen. Jeder von uns, der sich seiner ganz bewusst ist, wird sich ebenso mit dem Kriminellen wie mit dem Opfer identifizieren.

Nach Thich Nhat Hanh

Mein Gelände

Gelände der Freude

Wir wissen jetzt, dass die Vögel nicht nur wegen aller möglichen funktionalen Gründe singen, die Fortpflanzung einbegriffen, sondern auch, weil sie es lieben zu singen. Singen ist ihre Arbeit und ihr Vergnügen.

Unsere eigene Welt und die Welt des Sozialen sind unser Arbeitsplatz. Aber indem wir Arbeit und Spiel, Arbeit und Freizeit, Arbeit und Vergnügen trennen, entfernen wir uns mehr und mehr von der Freude, die darin besteht, eine lebenswerte Welt zu gestalten und unsere ganzen Möglichkeiten und Kapazitäten zu entfalten.

Freude ist wie die Kraft, die im Frühling hervorkeimt. Freude fließt durch das, was wir tun, wenn unsere Kreativität der Notwendigkeit begegnet. Freude ist der Honig, der in unser Leben fließt, wenn wir in der Lage sind, unsere Möglichkeiten zu realisieren.

Marx beschreibt, wie der Arbeiter, indem er seine Arbeitskraft als Ware verkauft, sein Wohl und seine Identität unter Zurückweisung seiner selbstbestimmten Fähigkeit, kreativ zu arbeiten, verliert. Und daher brauchen wir, damit die Freude wieder in unser tägliches Leben zurückkehrt, Einkommen, keine Löhne für unsere Arbeit, Einkommen, das uns berechtigt und verpflichtend ist, aber nicht an die Arbeit, die wir verrichten, gebunden ist. Um es genauer zu fassen – wir werden unsere Arbeit miteinander teilen müssen: die weniger angenehmen Arbeiten ebenso wie die inspirierendere Arbeit, so dass jeder Gelegenheit hat, die Möglichkeiten, die in ihm stecken, frei zu entfalten.

Gelände der Freude – Konstellation

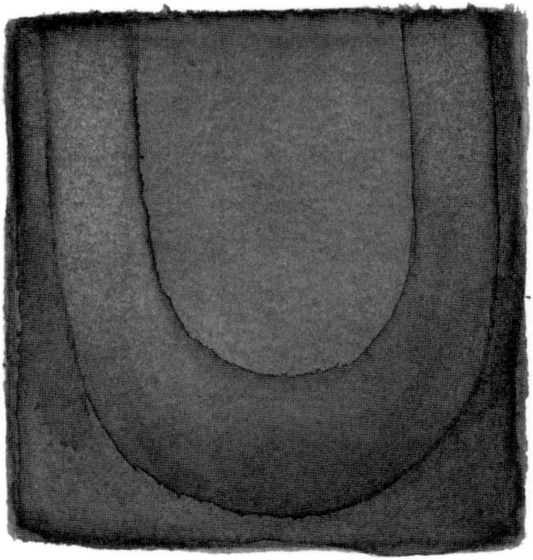

Gelände der Freude

Das Einkommen ist nämlich Menschenrecht! Menschenrecht! Ganz einfach! Und das Einkommen kann nicht abgeleitet werden von der Arbeit, die [der Mensch] an irgendeinem Produkt vollbringt. Den Anteil, den ein Mensch an dieser Leberwurst hat, der lässt sich nicht mehr rekonstruieren.

Joseph Beuys

Die neue Schönheit kann nur eine solche der Situationen sein.

Guy Debord

Epiphany

this is the place of eros
of desire to understand

the place of homo economicus
of taking in and giving out

of the global struggle for freedom
sustained by ancient joy

Shelley Sacks

Mein Gelände

Gelände des Dankens

Danken nicht zur Routine werden lassen, sondern das Danken denken.

Das kann heißen, sich bewusst zu machen, dass wir unser Dasein immer anderen verdanken; ohne das Andere und ohne die anderen gäbe es uns nicht. Es gibt keinen Grund zu Arroganz.

Unser Leben ist ein Gewebe, an dem viele Hände arbeiten.

In allen Kulturen gibt es eine Kultur des Dankens mit unterschiedlichen Umgangsformen. Aber diese Formen gehen mehr und mehr verloren und starke Impulse unserer Kultur neigen dazu, uns der Reste dieser Intuition zu berauben.

Um so wichtiger ist es, unsere unbewusste Haltung zum Danken zu verändern und das Danken zu denken.

Gelände des Dankens – Konstellation

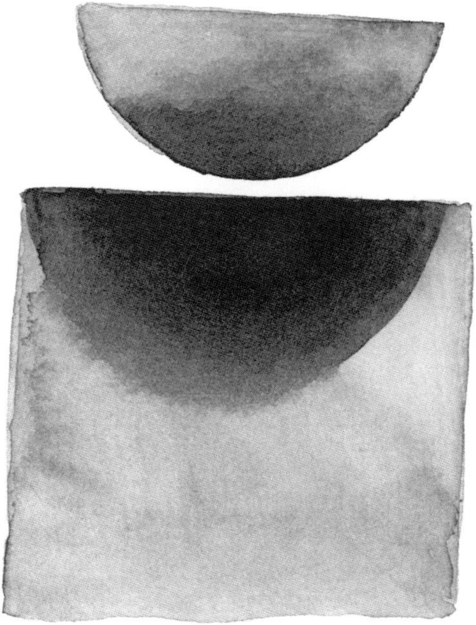

Gelände des Dankens

»Sagt mir Rabbi, was ist das Geheimnis des Tauchbads?« »Wenn du so fragst, hast du dir gewiss schon selber eine Antwort gegeben und willst nur wissen, ob sie mir recht ist. Was meinst du also davon?« »Da ihr es wollt, Rabbi, will ich sagen, was ich meine, aber eine Antwort ist es nicht. Ich meine nur: man geht hinab, und noch weiter hinab, und wenn man schon unten ist, beugt man sich erst richtig hinab, das ist alles, was ich weiß.«

Martin Buber

Denken und Danken sind in unserer Sprache Worte ein und desselben Ursprungs.

Paul Celan

Kuppel

Ich höre den Gesang
Der Vögel
Am Morgen
Halb erwacht
Ihre Stimmen
Eine Stimme
Eine Stimme
Ein Gesang

Wolfgang Zumdick

Mein Gelände

Gelände des Vergebens

Es gibt eine bewusste und eine unbewusste Aktivität: eine, die ich bewusst wähle, und eine, die ich ohne zu denken und ohne zu wählen tue. Aktivitäten, die sich über Jahr und Tag eingeschliffen haben, Formen des Daseins, Denkens und Reagierens, die mir beigebracht wurden und die ich als individuelle Bedingungen ebenso übernehme wie die allgemeinen historischen und sozialen Bedingungen, in die ich hineingeboren bin.

Wenn ich über diese Aktivitäten nachdenke, sehe ich, dass einige von ihnen menschlicher, wertvoller, kreativer sind als andere.

In diesem Augenblick – sobald ich von den Aktivitäten Notiz nehme, die nicht in Einklang sind mit dem, was ich benötige, was die anderen benötigen, was die Erde benötigt –, kann ich hart mit mir ins Gericht gehen und meine Aktionen verdammen. Oder ich kann vergeben. Kann mir selbst vergeben, weil ich durch die Gewohnheit blind war oder weil es manchmal sehr schwierig ist, unsere Taten mit unserer Intention in Einklang zu bringen.

Dies ist die bestmögliche aller Welten, weil sie das Feld ist, auf dem wir mit dem arbeiten können, was zerstört wurde. Die Welt, in der bewusst werden auch heißt, sich selbst verzeihen zu können, dem anderen zu verzeihen und es im nächsten freien Moment besser zu tun.

Das ist das Gelände des Vergebens, in dem das Vergeben kultiviert wird, das Gelände, auf dem Verantwortung nicht durch Scham und Verbannung erpresst werden soll.

Das ist das Gelände, auf dem die Verantwortung sich steigert, wenn ich mit dem Licht meines Verstandes meine Fehler beleuchte und sie als die bittere Frucht betrachte, die mir zur Ernährung besserer Taten dient.

Wenn ich mir selbst vergebe, kann ich auch dir vergeben und von den Früchten jener Welt von Milch und Honig kosten, die neben unserer steht.

Gelände des Vergebens – Konstellation

Gelände des Vergebens

if i open myself to my mistakes
i will not turn into stone

let us not turn back, only forward
into our buried thoughts
and our wounds, with love

in this way we will return
to the continent of rushing rivers
of atmospheres, of earth

that still gifts us the forgiveness to go on.

Shelley Sacks

Mein Gelände

Gelände des Todes

Gesetzt, wir könnten einen Blick aus dem Jenseits auf das diesseitige Leben werfen. Wem würden wir begegnen? Was würde uns begegnen? Wie würde im Blick dieses anderen Seins unser Leben erscheinen? Was würde es uns widerspiegeln, was verschweigen? Und: Wäre nicht die Kunst das Vorbild? Ernährt sich nicht alles, was wir künstlerisch schaffen, immer auch ein wenig aus diesem ganz anderen, jenseitigen Blick?

Offenbar gibt es zwei Tode: den, der uns im Leben ereilt, und den, der an der Schwelle zum anderen Dasein steht. Stets hat das »Stirb und Werde« uns Menschen an unsere Sterblichkeit und zugleich an unsere Aufgabe, an unsere tieferen Bezüge zum Dasein erinnert.

Gelände des Todes – Konstellation

Gelände des Todes

Man darf bei dem Gedanken Heideggers nicht stehen bleiben, dass das Sein ein Sein zum Tode sei. Das Sein ist ein Sein zur Auferstehung!

José Lezama Lima (zitiert aus der Erinnerung)

Achille Bonito Oliva: Aber wenn der Mensch ein Gott ist, wieso steht er vor dem Problem des Todes? Wie wird er damit fertig?

Joseph Beuys: Weil er den Tod einfach als Methodologie der Schöpfung akzeptiert. Weil er ihn für sich wünscht. Weil er im Grunde einsieht, dass er ohne dieses Element des Todes nicht imstande wäre, bewusst zu leben. Wenn er sich nur für das Leben interessierte, könnte er genau so gut ein Stück Seetang sein. Er interessiert sich jedoch für den Tod, das heißt für den Geist, die Form. Wenn ich mit meinem Kopf gegen eine harte Kante stoße, dann wache ich auf. Mit anderen Worten, der Tod hält mich wach.

Mein Gelände

Der poetische Kontinent

Es kommt weniger darauf an, die Dinge zu ändern; weniger auf neue Ideen, Strukturen, Visionen, weniger auf ein Mehr an äußerer Transformation. Eher auf eine Transformation des Blicks. Mit einer veränderten Haltung auf das zugehen, was wir sehen, hören, erleben, dem wir begegnen, weniger offensiv, stiller, hörender.

Man kann dabei die Erfahrung machen, dass ein solches Zuhören innerlich aktiver macht. Wir haben dies als aktives Hören bezeichnet. Ebenso gibt es ein aktives Sehen. Beide, aktives Hören und aktives Sehen, nehmen die Energie des Gesehenen und Gehörten auf und vollziehen die innere Bewegung der anderen aktiv nach. In unseren Texten ist diese Fähigkeit als Anteilnahme, als Empathie oder, in einem der Texte von Thich Nhat Hanh, auch als Mitleid bezeichnet worden. Es ist die aktive innere Teilnahme am anderen, ohne Urteil, ohne zu verurteilen. Es geht darum, die andere Wesenheit ganz zu akzeptieren. Wir möchten dies als eine Voraussetzung eines erweiterten Verstehens begreifen, aus dem wiederum andere, neue Fähigkeiten und Vermögen entstehen.

Dieser Austausch der Geister, unsere Fähigkeit, das andere so zu verstehen und zu erleben, dass es sich in uns nicht nur widerspiegelt oder repräsentiert, zeigt uns, dass es keine echte Trennung zwischen uns und den anderen gibt.

Man könnte sagen, dass diese Fähigkeit, das Andere zu werden, ohne das Selbst zu verlieren, seinen Ursprung darin hat, dass alles, was uns umgibt, eine Einheit ist. Wir sind das Meer, die Pflanze, das Tier, das wir gerade betrachten; Meer, Pflanze, Tier sind ein Teil von uns. Du lebst in mir, ich lebe in dir. Unsere Haut ist nur eine Täuschung, unser Ich nur eine Illusion, da es zugleich die ganze Welt umfasst. Unser Ich ist Summe und Ursprung, Gefäß und Aktion, ist Sender und Empfänger, Kreator und Beschenkter in einer Person.

Das Ich ermöglicht mir, die Welt als Einheit zu erleben. Wir sind Ich, aber dieses Ich ist in einem umfassenderen Zusammenhang auch die Welt. Der poetische Kontinent ist ein Bild dieser menschlichen Fähigkeit, uns als Ich und zugleich als Welt zu empfinden. Und so bedeutet diesen Kontinent bereisen, die Welt bereisen und das Ich bereisen, das auf dem Weg durch das Dasein sich als alles umfassend erfahren kann.

Alle Konstellationen

Der poetische Kontinent

Wie Blätter im August

Tiefgrün, lichtgewirkt
und Licht in den blauen Himmel atmend.

Hinziehend durch Wolken –
Erdgeneigt.

Lichtfasern und Baumarchitekten,
Spieler und Spielzeug.

Himmeltänzer,
Gedanken in Händen,
Glanz der Sonne im Angesicht.

Baum,
deine Krone ein Berg
grüner Korallen
und der Golfstrom des Sommers
Tanzt seine Winde
In kräftigen Schwüngen
Zu dir.

Und Fischschwärme ziehen wie Wolken
Durch
Wind
Und
Geäst.

Wolfgang Zumdick

although the moon was held in the lime tree
the children longed for music
that could not be shared
until a better world was shaped
from the givens and the mess
until they all began to work on what had been spoiled
he said this was the new placenta, created together
no longer given from above

Shelley Sacks